The Old Man and the Blackbird: Short Stories in French for Beginners

Artici Bilingual Books

Published by Artici Bilingual Books, 2024.

THE OLD MAN AND THE BLACKBIRD: SHORT STORIES IN FRENCH FOR BEGINNERS

First edition. March 30, 2024.

Copyright © 2024 Artici Bilingual Books.

ISBN: 979-8224562022

Written by Artici Bilingual Books.

Table of Contents

La Femme Solitaire

Dans un petit village au bord de la mer, vivait une femme solitaire nommée Élise. Elle habitait une petite maison au toit de chaume, entourée de champs verdoyants et du bruit apaisant des vagues.

Élise avait les cheveux sombres et les yeux tristes. Elle passait ses journées à marcher le long de la plage, ramassant des coquillages et écoutant le murmure de l'océan.

Les habitants du village la regardaient avec curiosité, se demandant pourquoi elle était si seule. Certains disaient qu'elle avait perdu un grand amour, tandis que d'autres racontaient qu'elle était maudite par la mer.

Un jour d'été, alors que le soleil brillait haut dans le ciel, Élise se promenait sur la plage comme à son habitude. Soudain, elle aperçut quelque chose d'étrange échoué sur le sable. C'était une bouteille en verre scellée avec un bouchon de liège.

Intriguée, Élise ramassa la bouteille et en retira le bouchon. À l'intérieur, il y avait une lettre jaunie par le temps. Élise la déplia avec précaution et commença à lire.

La lettre était écrite par un marin, un homme nommé Jacques, qui avait été perdu en mer il y a de nombreuses années. Il racontait son amour pour la mer et sa tristesse de devoir la quitter. Mais surtout, il parlait d'une femme qu'il avait aimée plus que tout au monde, une femme nommée Élise.

Élise resta bouche bée en lisant les mots de Jacques. Elle ne pouvait pas croire que quelqu'un l'aimait autant, qu'elle était aimée même après toutes ces années de solitude.

Avec un mélange d'émotions, Élise décida de répondre à la lettre de Jacques. Elle écrivit sur un morceau de papier qu'elle aussi avait été seule pendant toutes ces années, mais que maintenant, elle avait trouvé un nouvel espoir grâce à ses mots.

Elle replaça la lettre dans la bouteille, scella soigneusement le bouchon et la lança dans la mer. Elle regarda la bouteille disparaître au loin, emportant avec elle ses pensées et ses sentiments.

Les jours passèrent, puis les semaines, et Élise attendit avec impatience une réponse de Jacques. Mais aucune bouteille ne vint jamais échouer sur la plage.

Cependant, quelque chose avait changé en elle. Elle n'était plus aussi seule qu'avant. Elle avait trouvé du réconfort dans les mots de Jacques, même s'il était peut-être parti pour toujours.

Élise continua à marcher sur la plage, mais cette fois-ci, elle le faisait avec un sourire sur son visage. Elle savait maintenant qu'elle n'était pas seule, qu'il y avait quelqu'un quelque part qui pensait à elle, même si elle ne le rencontrait jamais.

Et chaque fois qu'elle regardait l'horizon infini de la mer, Élise sentait son cœur se remplir d'espoir et de gratitude pour cet amour inattendu qui avait traversé le temps et l'océan pour la trouver.

The Lonely Woman

In a small village by the sea, lived a solitary woman named Élise. She lived in a small thatched-roof house, surrounded by green fields and the soothing sound of waves.

Élise had dark hair and sad eyes. She spent her days walking along the beach, collecting seashells and listening to the ocean's murmur.

The villagers looked at her with curiosity, wondering why she was so alone. Some said she had lost a great love, while others told tales of her being cursed by the sea.

One summer day, as the sun shone high in the sky, Élise was walking on the beach as usual. Suddenly, she spotted something strange washed up on the sand. It was a glass bottle sealed with a cork.

Intrigued, Élise picked up the bottle and removed the cork. Inside, there was a letter yellowed with age. Élise unfolded it carefully and began to read.

The letter was written by a sailor, a man named Jacques, who had been lost at sea many years ago. He spoke of his love for the sea and his sadness at having to leave it. But above all, he talked about a woman he had loved more than anything in the world, a woman named Élise.

Élise was speechless as she read Jacques' words. She couldn't believe that someone loved her so much, that she was loved even after all these years of solitude.

With a mix of emotions, Élise decided to reply to Jacques' letter. She wrote on a piece of paper that she too had been alone all these years, but that now, she had found new hope through his words.

She placed the letter back in the bottle, carefully sealed the cork, and threw it into the sea. She watched the bottle disappear into the distance, carrying with it her thoughts and feelings.

Days passed, then weeks, and Élise eagerly awaited a reply from Jacques. But no bottle ever washed up on the beach.

However, something had changed within her. She was no longer as alone as before. She found comfort in Jacques' words, even if he might be gone forever.

Élise continued to walk on the beach, but this time, she did so with a smile on her face. She now knew that she was not alone, that there was someone somewhere thinking of her, even if she never met him.

And every time she looked at the endless horizon of the sea, Élise felt her heart fill with hope and gratitude for this unexpected love that had crossed time and ocean to find her.

Le Café du Destin

Dans un petit village en bord de mer, au cœur de la Provence, se trouvait un café mystérieux connu sous le nom de "Le Café du Destin". C'était un endroit où les gens venaient chercher des réponses à leurs questions les plus profondes.

La propriétaire du café, une femme nommée Isabelle, était une voyante renommée. Avec ses cartes de tarot et sa boule de cristal, elle pouvait lire l'avenir et guider ceux qui cherchaient des conseils.

Un jour, alors que le soleil se levait sur l'horizon, une jeune femme nommée Sophie entra dans le café. Elle était perdue et confuse, cherchant désespérément un sens à sa vie.

Isabelle accueillit Sophie avec un sourire chaleureux et l'invita à s'asseoir. Elle lui offrit une tasse de café chaud et lui demanda ce qui la troublait.

Sophie hésita un moment, puis elle commença à raconter son histoire. Elle avait tout perdu dans un incendie, sa maison, sa famille, tout ce qu'elle avait de précieux. Depuis lors, elle se sentait perdue, sans but ni direction.

Isabelle écouta attentivement, puis elle posa doucement sa main sur celle de Sophie. Elle lui dit qu'il y avait toujours de l'espoir, même dans les moments les plus sombres. Elle lui promit de l'aider à trouver son chemin.

Avec ses cartes de tarot, Isabelle commença à lire l'avenir de Sophie. Elle vit des obstacles et des défis, mais elle vit aussi la lumière au bout du tunnel. Elle dit à Sophie de ne pas abandonner, que son destin était entre ses mains.

Sophie écouta les paroles d'Isabelle avec attention, sentant une lueur d'espoir brûler en elle. Elle savait que ce café était spécial, qu'il lui apportait quelque chose qu'elle ne trouvait nulle part ailleurs.

Au fil des semaines, Sophie revint souvent au Café du Destin. À chaque visite, Isabelle lui offrait de nouvelles perspectives, de nouveaux conseils pour affronter les défis de la vie.

Peu à peu, Sophie commença à retrouver confiance en elle-même. Elle se mit à reconstruire sa vie, étape par étape, avec l'aide précieuse d'Isabelle et du Café du Destin.

Finalement, après des mois de travail acharné et de détermination, Sophie réalisa son rêve. Elle ouvrit sa propre boutique de fleurs, un endroit où les gens pouvaient trouver beauté et réconfort dans les moments difficiles.

Et chaque fois que Sophie regardait autour d'elle, elle se rappelait avec gratitude le rôle important que le Café du Destin avait joué dans sa vie. C'était un endroit où les destins se croisaient, où les rêves devenaient réalité, et où l'espoir brillait toujours, même dans les moments les plus sombres.

The Café of Destiny

In a small village by the sea, in the heart of Provence, there was a mysterious café known as "The Café of Destiny". It was a place where people came to seek answers to their deepest questions.

The owner of the café, a woman named Isabelle, was a renowned fortune-teller. With her tarot cards and crystal ball, she could read the future and guide those seeking advice.

One day, as the sun rose on the horizon, a young woman named Sophie walked into the café. She was lost and confused, desperately seeking meaning in her life.

Isabelle welcomed Sophie with a warm smile and invited her to sit down. She offered her a cup of hot coffee and asked what was troubling her.

Sophie hesitated for a moment, then began to tell her story. She had lost everything in a fire, her home, her family, everything precious to her. Since then, she had felt lost, without purpose or direction.

Isabelle listened attentively, then gently placed her hand on Sophie's. She told her that there was always hope, even in the darkest moments. She promised to help her find her way.

With her tarot cards, Isabelle began to read Sophie's future. She saw obstacles and challenges, but she also saw the light at the end of the tunnel. She told Sophie not to give up, that her destiny was in her own hands.

Sophie listened to Isabelle's words carefully, feeling a glimmer of hope burning within her. She knew that this café was special, that it brought her something she couldn't find anywhere else.

Over the weeks, Sophie returned to the Café of Destiny often. With each visit, Isabelle offered her new perspectives, new advice to face life's challenges.

Gradually, Sophie began to regain confidence in herself. She started to rebuild her life, step by step, with the precious help of Isabelle and the Café of Destiny.

Finally, after months of hard work and determination, Sophie realized her dream. She opened her own flower shop, a place where people could find beauty and comfort in difficult times.

And every time Sophie looked around her, she remembered with gratitude the important role the Café of Destiny had played in her life. It was a place where destinies crossed, where dreams came true, and where hope always shone, even in the darkest moments.

Le Jardin des Merveilles

Au cœur d'un petit village, niché entre les montagnes et les champs verdoyants, se trouvait un jardin mystérieux connu sous le nom de "Le Jardin des Merveilles". C'était un endroit magique où poussaient les fleurs les plus extraordinaires et où vivait une petite fille nommée Alice.

Alice était une enfant curieuse et pleine de vie. Chaque jour, elle se rendait dans le jardin pour explorer ses secrets et découvrir de nouvelles merveilles. Elle aimait se promener parmi les roses parfumées, caresser les pétales délicats des tulipes et écouter le chant des oiseaux qui venaient se reposer dans les arbres.

Un jour d'été, alors qu'Alice se promenait dans le jardin, elle découvrit une porte cachée derrière un buisson de lilas. Intriguée, elle poussa la porte et pénétra dans un monde enchanté.

De l'autre côté de la porte, Alice se trouvait dans un endroit magique où les fleurs étaient plus grandes que des arbres et les papillons volaient en formation. Elle marcha avec émerveillement à travers les allées fleuries, découvrant des fontaines de cristal et des statues sculptées dans la pierre.

Au détour d'un sentier, Alice rencontra une licorne majestueuse, aux yeux brillants et à la crinière étincelante. La licorne lui parla avec douceur, lui révélant les secrets du jardin et l'invitant à explorer ses trésors cachés.

Guidée par la licorne, Alice découvrit un arbre ancien au tronc noueux. En posant sa main sur l'écorce rugueuse, elle sentit une énergie mystérieuse la parcourir, lui révélant des visions de mondes lointains et d'aventures inimaginables.

Puis, la licorne la conduisit vers un champ de fleurs aux couleurs éclatantes. Là, au milieu des pétales vibrants, Alice découvrit un puits magique dont l'eau brillait comme des étoiles. En buvant de l'eau du puits, elle sentit une force nouvelle envahir son être, lui donnant le courage d'affronter tous les défis qui se présenteraient à elle.

Le temps sembla s'arrêter dans le jardin des merveilles, et Alice se sentit plus vivante que jamais. Elle savait qu'elle ne voulait jamais partir, qu'elle voulait rester pour toujours dans ce monde enchanté où tout était possible.

Mais bientôt, le crépuscule commença à tomber, et Alice sut qu'elle devait retourner chez elle. La licorne la raccompagna à la porte cachée, lui assurant qu'elle serait toujours la bienvenue dans le jardin des merveilles.

De retour chez elle, Alice s'endormit avec un sourire sur les lèvres, rêvant des aventures extraordinaires qu'elle avait vécues dans le jardin des merveilles. Et chaque nuit, elle se réveillait avec le désir ardent de retourner dans ce monde magique où les rêves devenaient réalité.

The Garden of Wonders

In the heart of a small village, nestled between mountains and green fields, there was a mysterious garden known as "The Garden of Wonders". It was a magical place where the most extraordinary flowers grew and where a little girl named Alice lived.

Alice was a curious and lively child. Every day, she would go to the garden to explore its secrets and discover new wonders. She loved to walk among the fragrant roses, caress the delicate petals of the tulips, and listen to the song of the birds that came to rest in the trees.

One summer day, as Alice was walking in the garden, she discovered a hidden door behind a lilac bush. Intrigued, she pushed the door and entered into an enchanted world.

On the other side of the door, Alice found herself in a magical place where the flowers were taller than trees and the butterflies flew in formation. She walked with wonder through the flowery paths, discovering crystal fountains and statues carved in stone.

Around a bend in the path, Alice met a majestic unicorn, with shining eyes and a sparkling mane. The unicorn spoke to her gently, revealing the secrets of the garden and inviting her to explore its hidden treasures.

Guided by the unicorn, Alice discovered an ancient tree with a gnarled trunk. By placing her hand on the rough bark, she felt a mysterious energy coursing through her, revealing visions of distant worlds and unimaginable adventures.

Then, the unicorn led her to a field of flowers in vibrant colors. There, amidst the vibrating petals, Alice discovered a magical well whose water shone like stars. Drinking from the well, she felt a new strength fill her, giving her the courage to face any challenges that would come her way.

Time seemed to stand still in the garden of wonders, and Alice felt more alive than ever. She knew she never wanted to leave, that she wanted to stay forever in this enchanted world where anything was possible.

But soon, twilight began to fall, and Alice knew she had to return home. The unicorn escorted her to the hidden door, assuring her that she would always be welcome in the garden of wonders.

Back home, Alice fell asleep with a smile on her lips, dreaming of the extraordinary adventures she had experienced in the garden of wonders. And every night, she woke up with a burning desire to return to this magical world where dreams came true.

Devant l'appartement

Il y avait une femme nommée Esme. Elle vivait dans un petit appartement au cœur de la ville. Chaque jour, elle se réveillait tôt le matin, s'habillait doucement, et sortait de chez elle pour commencer sa journée.

Un matin, alors qu'Esme sortait de son appartement, elle remarqua quelque chose d'étrange. Il y avait une valise abandonnée juste devant sa porte. Esme se pencha pour l'observer, se demandant qui pouvait bien l'avoir laissée là.

Elle regarda autour d'elle, mais il n'y avait personne dans la rue. Esme se sentit un peu inquiète. Pourquoi quelqu'un aurait-il laissé une valise devant chez elle ?

Elle se pencha pour ramasser la valise, mais quelque chose attira son attention. Il y avait une étiquette accrochée à la poignée. Esme la prit et lut ce qui était écrit dessus.

"Pour Esme," disait l'étiquette.

Esme fut surprise. La valise était pour elle ? Mais qui aurait pu la lui envoyer ? Elle ne se rappelait pas avoir commandé quoi que ce soit.

Curieuse, Esme ouvrit la valise et découvrit qu'elle était remplie de lettres. Des centaines de lettres, toutes adressées à Esme. Elle les sortit une par une et commença à les lire.

Les lettres étaient écrites par des gens du monde entier. Des amis perdus de vue depuis longtemps, des membres de sa famille qu'elle n'avait pas revus depuis des années, même des étrangers qui avaient entendu parler d'elle et qui voulaient lui écrire.

Esme était émue. Elle ne savait pas que tant de gens pensaient à elle, tant de gens voulaient lui parler. Elle se sentit chaleureuse à l'intérieur, comme si un rayon de soleil avait pénétré dans son cœur.

Elle passa toute la journée à lire les lettres, souriant, riant et pleurant à chaque mot. C'était comme si toutes ces personnes étaient là avec elle, partageant leurs histoires et leurs sentiments.

Quand la nuit tomba, Esme posa les lettres sur la table de la cuisine. Elle se sentait reconnaissante pour tous ces gens qui lui avaient écrit, reconnaissante pour la vie qu'elle menait.

Le lendemain matin, Esme se réveilla avec un nouveau sentiment de bonheur.

Esme sortit de chez elle, le cœur léger. Elle regarda autour d'elle, souriant aux passants, se sentant reconnaissante pour chaque petit moment de sa vie.

Et alors qu'elle marchait dans la rue, sous le doux soleil du matin, Esme savait que peu importe ce que l'avenir lui réservait, elle serait toujours entourée de l'amour de ceux qui l'aimaient. Et pour elle, cela suffisait amplement.

Outside the Apartment

There was a woman named Esme. She lived in a small apartment in the heart of the city. Every day, she would wake up early in the morning, dress quietly, and step out of her home to begin her day.

One morning, as Esme stepped out of her apartment, she noticed something strange. There was an abandoned suitcase right outside her door. Esme leaned over to observe it, wondering who could have left it there.

She looked around, but there was no one in the street. Esme felt a little worried. Why would someone leave a suitcase in front of her place?

She bent down to pick up the suitcase, but something caught her attention. There was a tag attached to the handle. Esme took it and read what was written on it.

"For Esme," the tag said.

Esme was surprised. The suitcase was for her? But who could have sent it to her? She didn't remember ordering anything.

Curious, Esme opened the suitcase and found that it was filled with letters. Hundreds of letters, all addressed to Esme. She took them out one by one and began to read them.

The letters were written by people from all over the world. Long-lost friends, family members she hadn't seen in years, even strangers who had heard about her and wanted to write to her.

Esme was moved. She didn't know that so many people were thinking of her, so many people wanted to talk to her. She felt warm inside, as if a ray of sunshine had entered her heart.

She spent the entire day reading the letters, smiling, laughing, and crying at every word. It was as if all these people were there with her, sharing their stories and feelings.

When night fell, Esme placed the letters on the kitchen table. She felt grateful for all the people who had written to her, grateful for the life she was living.

The next morning, Esme woke up with a new sense of happiness.

Esme stepped out of her home, her heart light. She looked around, smiling at the passersby, feeling grateful for every little moment of her life.

And as she walked down the street, under the gentle morning sun, Esme knew that no matter what the future held for her, she would always be surrounded by the love of those who loved her. And for her, that was more than enough.

Le Mystère du Phare

Au sommet d'une falaise escarpée, surplombant l'océan déchaîné, se dressait un vieux phare abandonné. Autrefois un symbole de sécurité pour les marins perdus en mer, il était maintenant enveloppé de mystère et de légendes.

Un soir d'automne, alors que les vagues se brisaient contre les rochers en contrebas, un groupe d'amis décida d'explorer le phare abandonné. Parmi eux se trouvait Lucie, une jeune femme courageuse et intrépide, toujours prête à relever de nouveaux défis.

Ils gravirent les marches usées du phare, leur lampe de poche éclairant le chemin obscur. À mesure qu'ils montaient, ils pouvaient sentir l'atmosphère devenir de plus en plus oppressante, comme si le phare cachait un sombre secret.

Enfin, ils atteignirent le sommet du phare, où une porte en bois vermoulu grinçait doucement dans le vent. Avec précaution, ils poussèrent la porte et entrèrent dans la pièce sombre.

À l'intérieur, ils découvrirent un spectacle étrange et inquiétant. La pièce était remplie d'objets abandonnés et de toiles d'araignée qui pendaient aux murs. Au centre de la pièce se trouvait une vieille carte marine, couverte de poussière et de taches d'encre.

Lucie s'approcha de la carte et la nettoya avec précaution, révélant les contours flous des îles lointaines et des récifs dangereux. Elle sentait que la carte cachait un secret, un mystère à résoudre.

Soudain, un bruit retentit dans le phare, faisant sursauter le groupe. Ils se regardèrent les uns les autres, le cœur battant la chamade, se demandant ce qui pouvait causer un tel bruit dans ce lieu abandonné.

Ils se séparèrent pour explorer le phare, cherchant des indices et des réponses à leurs questions. Lucie se glissa dans une pièce sombre au bout du couloir, sa lampe de poche balayant les ombres qui dansaient sur les murs.

Alors qu'elle fouillait la pièce, elle découvrit un vieux journal posé sur une étagère poussiéreuse. Les pages étaient jaunies et fragiles, mais elles révélaient une histoire fascinante de marins perdus en mer et de trésors cachés sous les vagues.

Lucie lut le journal avec fascination, plongeant dans les récits de voyages lointains et de mystères non résolus. Elle sentait que le phare cachait de nombreux secrets, des secrets qu'elle était déterminée à découvrir.

Pendant ce temps, ses amis explorèrent les autres pièces du phare, découvrant des indices et des mystères qui semblaient tous converger vers un seul point : le sombre passé du phare et les secrets qu'il renfermait.

Alors que la nuit avançait et que la tempête grondait dehors, Lucie et ses amis se réunirent au sommet du phare pour partager leurs découvertes. Ils avaient trouvé des cartes marines anciennes, des journaux de bord mystérieux et même des morceaux de trésors cachés sous les planchers du phare.

Ils réalisèrent que le phare était autrefois un repaire pour les pirates, un lieu où ils cachaient leurs richesses et planifiaient leurs voyages dangereux en mer. Le bruit qu'ils avaient entendu plus tôt était probablement le son des vagues frappant les rochers en contrebas, un rappel sinistre du destin tragique de ceux qui avaient osé défier les éléments.

Alors qu'ils quittaient le phare cette nuit-là, le cœur rempli d'émotion et d'excitation, Lucie et ses amis savaient qu'ils emportaient avec eux quelque chose de bien plus précieux que tout l'or du monde : le souvenir d'une aventure inoubliable et le sentiment d'avoir découvert un mystère qui avait été caché pendant des générations.

The Mystery of the Lighthouse

At the top of a steep cliff, overlooking the raging ocean, stood an old abandoned lighthouse. Once a symbol of safety for sailors lost at sea, it was now shrouded in mystery and legend.

One autumn evening, as the waves crashed against the rocks below, a group of friends decided to explore the abandoned lighthouse. Among them was Lucy, a brave and fearless young woman, always ready to take on new challenges.

They climbed the worn steps of the lighthouse, their flashlights illuminating the dark path. As they ascended, they could feel the atmosphere becoming increasingly oppressive, as if the lighthouse harbored a dark secret.

Finally, they reached the top of the lighthouse, where a creaking wooden door swayed gently in the wind. Carefully, they pushed open the door and entered the dark room.

Inside, they discovered a strange and unsettling sight. The room was filled with abandoned objects and cobwebs hanging from the walls. At the center of the room was an old sea chart, covered in dust and ink stains.

Lucy approached the chart and carefully cleaned it, revealing the blurred outlines of distant islands and dangerous reefs. She felt that the chart held a secret, a mystery to be solved.

Suddenly, a noise echoed through the lighthouse, causing the group to startle. They looked at each other, their hearts pounding, wondering what could cause such a noise in this abandoned place.

They split up to explore the lighthouse, searching for clues and answers to their questions. Lucy slipped into a dark room at the end of the hallway, her flashlight sweeping over the shadows dancing on the walls.

As she searched the room, she discovered an old journal on a dusty shelf. The pages were yellowed and fragile, but they revealed a fascinating story of sailors lost at sea and treasures hidden beneath the waves.

Lucy read the journal with fascination, diving into the tales of distant voyages and unsolved mysteries. She felt that the lighthouse held many secrets, secrets she was determined to uncover.

Meanwhile, her friends explored the other rooms of the lighthouse, discovering clues and mysteries that all seemed to converge toward one point: the dark past of the lighthouse and the secrets it held.

As the night wore on and the storm raged outside, Lucy and her friends gathered at the top of the lighthouse to share their discoveries. They had found ancient sea charts, mysterious logbooks, and even pieces of treasure hidden beneath the lighthouse floorboards.

They realized that the lighthouse was once a hideout for pirates, a place where they hid their riches and planned their dangerous voyages at sea. The noise they had heard earlier was likely the sound of waves crashing against the rocks below, a grim reminder of the tragic fate of those who dared to defy the elements.

As they left the lighthouse that night, their hearts filled with emotion and excitement, Lucy and her friends knew that they were taking with them something far more precious than all the gold in the world: the memory of an unforgettable adventure and the feeling of having uncovered a mystery that had been hidden for generations.

Le Mystère de la Maison Rouge

Dans un petit village paisible, au cœur de la campagne française, se dressait une vieille maison rouge. Avec ses volets défraîchis et ses pierres couvertes de mousse, elle semblait figée dans le temps, gardant jalousement les secrets qui dormaient en son sein.

Un jour d'été ensoleillé, un étranger arriva au village. Il s'appelait Jacques et semblait être à la recherche de quelque chose, ses yeux scrutant chaque coin et recoin du village avec une intensité troublante.

Jacques se dirigea vers la vieille maison rouge, sentant que c'était là qu'il trouverait les réponses qu'il cherchait. Il frappa à la porte, mais personne ne répondit. Déterminé, il décida d'explorer la maison par lui-même.

En entrant, Jacques fut frappé par l'atmosphère oppressante qui régnait dans la maison. Les meubles étaient recouverts de draps poussiéreux, les fenêtres étaient couvertes de toiles d'araignée, et une odeur de renfermé flottait dans l'air.

Il commença à fouiller chaque pièce, ouvrant les portes des placards et inspectant les tiroirs des commodes. Mais plus il explorait la maison, plus il sentait que quelque chose n'allait pas. Il avait l'impression d'être observé, comme si les murs eux-mêmes avaient des yeux.

Soudain, un bruit retentit à l'étage, faisant sursauter Jacques. Il monta les escaliers avec précaution, son cœur battant la chamade, se demandant ce qui pouvait bien se cacher là-haut.

En haut des escaliers, il découvrit une porte entrouverte. Il s'approcha lentement et poussa la porte, révélant une chambre poussiéreuse et sombre.

Au centre de la chambre se trouvait un vieux coffre en bois, recouvert de chaînes et de cadenas. Jacques sentit son pouls s'accélérer, réalisant qu'il avait enfin trouvé ce qu'il cherchait.

Avec précaution, il brisa les chaînes et ouvrit le coffre, révélant son contenu. À l'intérieur se trouvaient des documents anciens, des lettres jaunies par le temps et des photographies vieilles de plusieurs décennies. Jacques les examina avec fascination, plongeant dans l'histoire mystérieuse de la maison rouge. Il découvrit des lettres d'amour interrompues, des secrets de famille enfouis et des événements tragiques qui avaient marqué la vie des habitants de la maison.

Alors qu'il explorait les documents, Jacques sentit une présence derrière lui. Il se retourna brusquement, mais il n'y avait personne. Il secoua la tête, se disant qu'il devait se faire des idées.

Il se plongea à nouveau dans les documents, cherchant des indices qui pourraient lui donner des réponses à ses questions. Mais plus il lisait, plus il se sentait confus. Les pièces du puzzle semblaient ne pas s'emboîter, laissant des zones d'ombre et des mystères non résolus.

Soudain, une voix retentit derrière lui, le faisant sursauter. Il se retourna et vit une femme âgée se tenant dans l'embrasure de la porte, un regard triste dans les yeux.

Elle s'appelait Marie, et elle avait vécu dans la maison rouge toute sa vie. Elle expliqua à Jacques l'histoire de la maison, les joies et les peines qu'elle avait connues, et les secrets qu'elle gardait depuis si longtemps.

Elle lui raconta l'histoire d'un amour perdu, d'une tragédie inattendue et d'une promesse brisée. Elle lui montra les photographies des anciens habitants de la maison, des visages souriants figés dans le temps, témoins silencieux des événements qui s'étaient déroulés entre ces murs.

Et même après que Jacques ait quitté le village, emportant avec lui les secrets de la maison rouge, il savait qu'il ne l'oublierait jamais. Car dans cette vieille maison, il avait trouvé bien plus que des mystères et des énigmes. Il avait trouvé une leçon de vie, une leçon d'amour et de compassion, qui resterait gravée dans son cœur pour toujours.

The Mystery of the Red House

In a small peaceful village, in the heart of the French countryside, stood an old red house. With its faded shutters and moss-covered stones, it seemed frozen in time, jealously guarding the secrets that slept within its walls.

One sunny summer day, a stranger arrived in the village. His name was Jacques, and he seemed to be searching for something, his eyes scanning every nook and cranny of the village with a troubling intensity.

Jacques headed towards the old red house, feeling that it was there he would find the answers he sought. He knocked on the door, but no one answered. Determined, he decided to explore the house himself.

Upon entering, Jacques was struck by the oppressive atmosphere inside the house. The furniture was covered in dusty sheets, the windows were draped in cobwebs, and a musty smell hung in the air.

He began to search every room, opening closet doors and inspecting dresser drawers. But the more he explored the house, the more he felt that something was wrong. He felt as though he were being watched, as if the walls themselves had eyes.

Suddenly, a noise echoed from upstairs, causing Jacques to startle. He climbed the stairs cautiously, his heart pounding, wondering what could be hiding up there.

At the top of the stairs, he found a partially open door. He approached slowly and pushed the door open, revealing a dusty, dimly lit room.

In the center of the room was an old wooden chest, covered in chains and padlocks. Jacques felt his pulse quicken, realizing that he had finally found what he was looking for.

Carefully, he broke the chains and opened the chest, revealing its contents. Inside were old documents, letters yellowed with age, and photographs decades old.

Jacques examined them with fascination, delving into the mysterious history of the red house. He discovered interrupted love letters, buried family secrets, and tragic events that had marked the lives of the house's inhabitants.

As he explored the documents, Jacques felt a presence behind him. He turned sharply, but there was no one there. He shook his head, telling himself he must be imagining things.

He delved back into the documents, searching for clues that might give him answers to his questions. But the more he read, the more confused he felt. The pieces of the puzzle seemed not to fit together, leaving gaps and unresolved mysteries.

Suddenly, a voice rang out from behind him, causing him to startle. He turned and saw an elderly woman standing in the doorway, a sad look in her eyes.

Her name was Marie, and she had lived in the red house all her life. She explained to Jacques the history of the house, the joys and sorrows it had known, and the secrets it had kept for so long.

She told him the story of a lost love, an unexpected tragedy, and a broken promise. She showed him photographs of the old inhabitants of the house, smiling faces frozen in time, silent witnesses to the events that had unfolded within these walls.

And even after Jacques left the village, taking with him the secrets of the red house, he knew he would never forget it. For in this old house, he had found more than mysteries and puzzles. He had found a life lesson, a lesson of love and compassion, that would remain etched in his heart forever.

La Poupée Magique

Dans un petit village au bord de la rivière, vivait une petite fille nommée Sophie. Sophie était une enfant solitaire, qui aimait passer ses journées à explorer les rives de la rivière et à rêver de mondes enchantés.

Un jour d'été, alors qu'elle se promenait le long de la rivière, Sophie découvrit une vieille poupée cachée parmi les roseaux. La poupée était vieille et usée, mais ses yeux brillaient d'une lueur mystérieuse qui attira immédiatement l'attention de Sophie.

Elle ramassa la poupée avec précaution et l'inspecta sous tous les angles. Elle était émerveillée par sa beauté et son mystère, se demandant d'où elle venait et qui l'avait abandonnée au bord de la rivière.

Sophie décida de ramener la poupée chez elle et de la nettoyer. Elle la lava avec soin, enlevant la poussière et la saleté qui recouvraient son corps de porcelaine. Une fois propre, la poupée semblait retrouver sa beauté d'antan, ses yeux brillant d'une lueur étrange et magique.

Sophie posa la poupée sur son lit et s'assit à côté d'elle, se demandant ce qu'elle devait faire. Soudain, la poupée s'anima et se mit à parler d'une voix douce et mélodieuse.

"Je m'appelle Lila," dit la poupée. "Je suis une poupée magique, et j'ai été envoyée ici pour t'aider."

Sophie fut stupéfaite. Elle n'avait jamais entendu parler d'une poupée magique auparavant, et elle ne savait pas quoi penser de cette révélation.

"Lila, c'est incroyable!" s'exclama Sophie. "Que veux-tu dire par m'aider?"

La poupée lui expliqua qu'elle avait été créée par une sorcière ancienne pour protéger et guider ceux qui étaient en détresse. Elle avait été envoyée à Sophie pour l'aider à surmonter ses peurs et à réaliser ses rêves les plus chers.

Les jours passèrent, et Sophie et Lila devinrent inséparables. Elles partageaient tout ensemble, des aventures le long de la rivière aux après-midis tranquilles à dessiner dans le jardin.

Mais malgré leur amitié, Sophie sentait toujours un poids sur son cœur. Elle était triste parce qu'elle n'avait jamais connu ses vrais parents, et elle se demandait souvent qui ils étaient et où ils se trouvaient.

Un jour, alors qu'elle se promenait dans le village, Sophie entendit parler d'un mystérieux cirque qui venait d'arriver en ville. Elle décida d'y aller et espérait trouver des réponses à ses questions sur ses parents.

Elle se rendit au cirque et fut émerveillée par les acrobates, les jongleurs et les clowns qui s'agitaient sur la piste. Mais ce qui attira le plus son attention fut la tente des diseuses de bonne aventure, où une vieille femme sombre et mystérieuse prétendait pouvoir prédire l'avenir.

Sophie s'approcha de la vieille femme et lui demanda si elle pouvait lui dire quelque chose sur ses parents. La vieille femme fixa ses yeux sombres sur Sophie et lui dit qu'elle voyait une femme blonde et un homme aux yeux bleus, perdus quelque part dans le monde.

Sophie fut bouleversée par cette révélation. Était-il possible que ses parents soient toujours en vie, quelque part là-bas, attendant de la retrouver? Elle sentit un mélange d'espoir et de peur l'envahir, se demandant ce qu'elle devait faire ensuite.

Elle rentra chez elle, le cœur lourd de questions et d'incertitudes. Mais en arrivant, elle trouva Lila qui l'attendait avec impatience, prête à la réconforter et à lui offrir son soutien inconditionnel.

Sophie se blottit contre Lila et lui raconta ce qu'elle avait découvert au cirque. Lila écouta avec attention, ses yeux brillant d'une lueur rassurante et aimante.

"Ne t'inquiète pas, Sophie," dit Lila doucement. "Peut-être que tes parents sont là quelque part, mais peu importe où ils sont, tu as toujours une famille ici avec moi."

Et alors que le soleil se couchait sur le village, Sophie s'endormit paisiblement, entourée de l'amour et de l'amitié de sa chère poupée magique, Lila.

27

The Magic Doll

In a small village by the river, lived a little girl named Sophie. Sophie was a solitary child who loved to spend her days exploring the riverbanks and dreaming of enchanted worlds.

One summer day, as she wandered along the river, Sophie discovered an old doll hidden among the reeds. The doll was old and worn, but its eyes sparkled with a mysterious glow that immediately caught Sophie's attention.

She picked up the doll carefully and inspected it from every angle. She was amazed by its beauty and mystery, wondering where it came from and who had abandoned it by the riverbank.

Sophie decided to take the doll home with her and clean it. She washed it carefully, removing the dust and dirt that covered its porcelain body. Once clean, the doll seemed to regain its former beauty, its eyes shining with a strange and magical light.

Sophie placed the doll on her bed and sat next to it, wondering what she should do. Suddenly, the doll came to life and began to speak in a soft and melodious voice.

"My name is Lila," said the doll. "I am a magic doll, and I have been sent here to help you."

Sophie was astonished. She had never heard of a magic doll before, and she didn't know what to make of this revelation.

"Lila, this is amazing!" exclaimed Sophie. "What do you mean by helping me?"

The doll explained to her that she had been created by an ancient witch to protect and guide those in distress. She had been sent to Sophie to help her overcome her fears and realize her dearest dreams.

Days passed, and Sophie and Lila became inseparable. They shared everything together, from adventures along the river to quiet afternoons drawing in the garden.

But despite their friendship, Sophie still felt a weight on her heart. She was sad because she had never known her real parents, and she often wondered who they were and where they were.

One day, as she walked through the village, Sophie heard about a mysterious circus that had just arrived in town. She decided to go and hoped to find answers to her questions about her parents.

She went to the circus and was amazed by the acrobats, jugglers, and clowns bustling about on the ring. But what caught her attention the most was the tent of the fortune tellers, where an old, dark, mysterious woman claimed to be able to predict the future.

Sophie approached the old woman and asked her if she could tell her something about her parents. The old woman fixed her dark eyes on Sophie and told her that she saw a blonde woman and a man with blue eyes, lost somewhere in the world.

Sophie was shaken by this revelation. Could it be possible that her parents were still alive, somewhere out there, waiting to find her? She felt a mixture of hope and fear wash over her, wondering what she should do next.

She returned home, her heart heavy with questions and uncertainties. But upon arriving, she found Lila waiting for her eagerly, ready to comfort her and offer her unconditional support.

Sophie nestled against Lila and told her what she had discovered at the circus. Lila listened attentively, her eyes shining with a reassuring and loving glow.

"Don't worry, Sophie," said Lila softly. "Perhaps your parents are out there somewhere, but no matter where they are, you always have a family here with me."

And as the sun set over the village, Sophie fell asleep peacefully, surrounded by the love and friendship of her dear magic doll, Lila.

Rachel

Rachel se réveilla dans une chambre remplie de lumière. Les rayons du soleil traversaient les rideaux et dansaient sur les murs. Elle se leva doucement, les pieds nus touchant le sol frais. La journée s'annonçait belle et pleine de promesses.

Elle se dirigea vers la fenêtre et ouvrit les rideaux, laissant entrer une brise légère. Dehors, les fleurs du jardin s'ouvraient timidement, comme si elles aussi se réveillaient doucement de leur sommeil hivernal. Rachel sourit en les regardant, sentant une bouffée de joie envahir son cœur.

Après s'être habillée, Rachel descendit dans la cuisine. L'odeur du café fraîchement moulu remplissait la pièce, mêlée aux effluves de pain grillé. Elle se servit une tasse de café, savourant chaque gorgée avec délice.

Assise à la table de la cuisine, Rachel se remémora les jours passés. Elle se souvint des rires partagés avec ses amis, des promenades dans les bois et des après-midi passés à lire au coin du feu. Mais par-dessus tout, elle se souvenait de lui.

Lui, c'était Pierre. Son sourire doux et ses yeux pétillants lui manquaient terriblement. Rachel avait rencontré Pierre il y a longtemps, lorsqu'ils étaient encore de jeunes étudiants. Ils s'étaient aimés dès le premier regard, comme si le destin avait décidé qu'ils étaient faits l'un pour l'autre. Mais la vie les avait séparés. Pierre avait dû partir pour un voyage lointain, laissant Rachel seule avec ses souvenirs et ses rêves. Depuis lors, elle n'avait jamais cessé de penser à lui, espérant un jour le revoir.

Alors qu'elle était perdue dans ses pensées, Rachel entendit soudain frapper à la porte. Elle se leva précipitamment et alla ouvrir. Et là, debout sur le seuil, se tenait Pierre.

Rachel resta bouche bée, incapable de croire ce qu'elle voyait. Pierre souriait, un bouquet de fleurs à la main.

"Rachel," dit-il doucement. "Je suis de retour."

Les larmes aux yeux, Rachel se jeta dans ses bras, sentant enfin son cœur se remplir de bonheur. Ils restèrent là, à se serrer dans les bras l'un de l'autre, comme s'ils ne voulaient jamais se laisser partir.

Ensemble, ils passèrent la journée à se promener dans le jardin, à rattraper le temps perdu. Ils se racontèrent tout ce qu'ils avaient vécu depuis leur séparation, riant et pleurant ensemble. Pour Rachel, c'était comme si le temps s'était arrêté, comme si rien n'avait changé depuis toutes ces années.

Quand le soir arriva, ils s'assirent sur le banc près de la fontaine, regardant les étoiles briller dans le ciel. Pierre prit la main de Rachel dans la sienne, et elle se sentit enfin complète.

"Rachel," dit-il doucement. "Je suis désolé de t'avoir laissée partir. Je ne savais pas à quel point tu me manquerais."

Rachel le regarda, les larmes aux yeux. "Pierre," dit-elle. "Tu es revenu, c'est tout ce qui compte."

Et ainsi, ils restèrent là, ensemble sous le ciel étoilé, sachant que rien ne pourrait plus jamais les séparer. Car même si la vie les avait éloignés, leur amour était plus fort que tout, et il les avait ramenés l'un vers l'autre, là où ils appartenaient.

Rachel

Rachel woke up in a room filled with light. The sun's rays pierced through the curtains and danced on the walls. She got up gently, her bare feet touching the cool floor. The day promised to be beautiful and full of possibilities.

She walked towards the window and opened the curtains, letting in a gentle breeze. Outside, the flowers in the garden were timidly blooming, as if they too were slowly awakening from their winter slumber. Rachel smiled as she watched them, feeling a rush of joy filling her heart.

After getting dressed, Rachel went down to the kitchen. The smell of freshly ground coffee filled the room, mingled with the scent of toasted bread. She poured herself a cup of coffee, savoring each sip with delight.

Sitting at the kitchen table, Rachel reminisced about days gone by. She remembered the laughter shared with friends, walks in the woods, and afternoons spent reading by the fireplace. But above all, she remembered him.

Him, it was Pierre. She missed his gentle smile and sparkling eyes terribly. Rachel had met Pierre a long time ago, when they were still young students. They had loved each other at first sight, as if destiny had decided they were meant for each other.

But life had separated them. Pierre had to leave for a distant journey, leaving Rachel alone with her memories and dreams. Since then, she had never stopped thinking about him, hoping to see him again one day.

Lost in her thoughts, Rachel suddenly heard a knock on the door. She got up quickly and went to open it. And there, standing on the threshold, was Pierre.

Rachel was speechless, unable to believe what she saw. Pierre was smiling, holding a bouquet of flowers.

"Rachel," he said softly. "I'm back."

Tears in her eyes, Rachel threw herself into his arms, finally feeling her heart fill with happiness. They stood there, embracing each other, as if they never wanted to let go.

Together, they spent the day walking in the garden, catching up on lost time. They told each other everything they had experienced since their separation, laughing and crying together. For Rachel, it was as if time had stopped, as if nothing had changed since all those years.

When evening came, they sat on the bench near the fountain, watching the stars shine in the sky. Pierre took Rachel's hand in his, and she finally felt complete.

"Rachel," he said softly. "I'm sorry for letting you go. I didn't know how much I would miss you."

Rachel looked at him, tears in her eyes. "Pierre," she said. "You came back, that's all that matters."

And so, they stayed there, together under the starry sky, knowing that nothing could ever separate them again. Because even if life had separated them, their love was stronger than anything, and it had brought them back to each other, where they belonged.

Le Chemin du Coeur

Dans un petit village au cœur des montagnes, vivait un jeune homme nommé Antoine. Antoine était un homme simple, qui travaillait dur chaque jour pour subvenir à ses besoins et à ceux de sa famille.

Un jour, alors qu'il se promenait dans les bois près du village, Antoine entendit une voix douce et mélodieuse l'appeler. Il s'arrêta, étonné, et chercha d'où venait cette voix mystérieuse.

C'est alors qu'il vit une vieille femme assise au pied d'un arbre, les yeux brillant d'une lueur étrange. Elle lui sourit et lui dit : "Antoine, tu as un cœur pur et sincère. Suis-moi, et je t'aiderai à trouver ce que ton cœur désire le plus."

Antoine hésita un instant, se demandant si cette vieille femme était réelle ou simplement le fruit de son imagination. Mais quelque chose dans ses yeux le poussa à la suivre, et il se mit en route avec elle à travers les bois.

Pendant des jours et des nuits, ils marchèrent ensemble, traversant des vallées profondes et grimpant des montagnes escarpées. Antoine commença à se demander où cette vieille femme le conduisait et quel était le but de leur voyage.

Finalement, ils arrivèrent à une clairière cachée au cœur des montagnes. Au centre de la clairière se dressait un arbre ancien et majestueux, ses branches s'étendant vers le ciel comme des bras accueillants.

La vieille femme s'approcha de l'arbre et posa ses mains ridées sur son tronc. Elle murmura quelques mots dans une langue ancienne et mystérieuse, et soudain, l'arbre sembla s'illuminer d'une lueur dorée.

"Voici l'arbre de la sagesse", dit la vieille femme à Antoine. "Il détient les réponses à toutes les questions et les secrets de l'univers. Mais pour les entendre, tu dois ouvrir ton cœur et écouter avec attention."

Antoine écouta avec fascination, se demandant ce que l'arbre de la sagesse avait à lui révéler. Il ferma les yeux et laissa son cœur s'ouvrir, prêt à recevoir les enseignements de l'arbre ancien.

Pendant des heures, il écouta les murmures de l'arbre, absorbant chaque mot et chaque leçon avec émerveillement. Il apprit sur la nature de l'amour, de la compassion et de la vérité, et il comprit que la clé du bonheur était de suivre le chemin de son cœur.

Quand il ouvrit les yeux, la vieille femme avait disparu, laissant Antoine seul avec l'arbre de la sagesse. Il se sentit rempli d'une paix et d'une tranquillité profondes, sachant qu'il avait trouvé ce qu'il cherchait depuis si longtemps.

Il retourna au village, le cœur léger et joyeux, prêt à partager les enseignements qu'il avait reçus avec les autres. Il savait que même s'il devait affronter des défis et des difficultés dans la vie, il serait toujours guidé par la sagesse de son cœur et la lumière de l'arbre ancien.

The Path of the Heart

In a small village nestled in the heart of the mountains, lived a young man named Antoine. Antoine was a simple man, who worked hard every day to provide for himself and his family.

One day, as he was walking in the woods near the village, Antoine heard a soft, melodious voice calling out to him. He stopped, astonished, and looked around to see where this mysterious voice was coming from.

That's when he saw an old woman sitting at the foot of a tree, her eyes shining with a strange light. She smiled at him and said, "Antoine, you have a pure and sincere heart. Follow me, and I will help you find what your heart desires most."

Antoine hesitated for a moment, wondering if this old woman was real or just a figment of his imagination. But something in her eyes urged him to follow her, and he set off with her through the woods.

For days and nights, they walked together, crossing deep valleys and climbing steep mountains. Antoine began to wonder where this old woman was leading him and what the purpose of their journey was.

Finally, they arrived at a clearing hidden in the heart of the mountains. At the center of the clearing stood an ancient and majestic tree, its branches reaching towards the sky like welcoming arms.

The old woman approached the tree and placed her wrinkled hands on its trunk. She murmured a few words in an ancient and mysterious language, and suddenly, the tree seemed to glow with a golden light.

"This is the tree of wisdom," said the old woman to Antoine. "It holds the answers to all questions and the secrets of the universe. But to hear them, you must open your heart and listen carefully."

Antoine listened with fascination, wondering what the tree of wisdom had to reveal to him. He closed his eyes and let his heart open, ready to receive the teachings of the ancient tree.

For hours, he listened to the whispers of the tree, absorbing every word and every lesson with wonder. He learned about the nature of love, compassion, and truth, and he understood that the key to happiness was to follow the path of his heart.

When he opened his eyes, the old woman had disappeared, leaving Antoine alone with the tree of wisdom. He felt filled with deep peace and tranquility, knowing that he had found what he had been searching for all along.

He returned to the village, his heart light and joyful, ready to share the teachings he had received with others. He knew that even if he faced challenges and difficulties in life, he would always be guided by the wisdom of his heart and the light of the ancient tree.

L'Aventure au Chalet

Dans les Alpes françaises, niché au sommet d'une montagne escarpée, se trouvait un chalet isolé. C'était là que Pierre, un jeune homme intrépide, avait décidé de passer ses vacances d'hiver.

Pierre était un aventurier dans l'âme, toujours à la recherche de nouvelles sensations fortes et d'expériences excitantes. Il avait choisi le chalet isolé dans les montagnes pour s'éloigner de la vie trépidante de la ville et se connecter avec la nature.

Dès son arrivée au chalet, Pierre se sentit transporté dans un autre monde. Les sommets enneigés s'élevaient majestueusement autour de lui, et l'air était pur et frais. Il se sentait libre et vivant, prêt à relever n'importe quel défi que la montagne lui réservait.

Les premiers jours se déroulèrent paisiblement, Pierre explorant les environs du chalet et profitant de la tranquillité de la nature. Mais alors que la nuit tombait sur les montagnes, une tempête de neige s'abattit sur la région, isolant complètement le chalet du reste du monde.

Pierre se retrouva piégé dans le chalet, la neige s'accumulant rapidement à l'extérieur et bloquant toutes les voies d'accès. Il commença à s'inquiéter, se demandant comment il allait survivre dans ces conditions extrêmes.

Mais Pierre était un homme courageux, et il refusa de se laisser abattre par les éléments. Il rassembla ce qu'il pouvait trouver dans le chalet - du bois pour le feu, de la nourriture pour se nourrir - et se prépara à affronter la tempête.

Les jours passèrent, et la tempête fit rage à l'extérieur. Mais à l'intérieur du chalet, Pierre était en sécurité, se réchauffant près du feu et se nourrissant des provisions qu'il avait stockées.

Pourtant, malgré son courage, Pierre commença à ressentir une certaine anxiété. Il se demandait combien de temps la tempête durerait et s'il serait capable de survivre jusqu'à ce que l'aide arrive.

C'est alors qu'il entendit un bruit étrange venant de l'extérieur. Il se leva et se dirigea vers la porte du chalet, se demandant qui ou quoi pourrait bien se trouver dehors dans cette tempête.

Quand il ouvrit la porte, il fut aveuglé par la lumière vive qui jaillissait à l'extérieur. Il cligna des yeux et regarda autour de lui, ne comprenant pas ce qu'il voyait.

C'est alors qu'il vit une équipe de sauveteurs, vêtus de combinaisons de ski et de lunettes de protection, qui se tenaient devant lui. Ils avaient bravé la tempête pour venir à son secours, et Pierre se sentit submergé par la gratitude.

Il les remercia du fond du cœur et les suivit à l'extérieur, où un hélicoptère les attendait pour les ramener à la sécurité.

Il savait que cette expérience resterait gravée dans sa mémoire pour toujours, un rappel de la force de la nature et de la résilience de l'esprit humain. Et alors que l'hélicoptère disparaissait dans le ciel, emportant Pierre vers la sécurité et le confort de la civilisation, il savait qu'il ne serait jamais le même après cette aventure au chalet.

The Adventure at the Chalet

In the French Alps, nestled atop a steep mountain, lay an isolated chalet. It was there that Pierre, a fearless young man, had decided to spend his winter vacation.

Pierre was an adventurer at heart, always seeking new thrills and exciting experiences. He had chosen the secluded chalet in the mountains to escape the bustling city life and connect with nature.

Upon his arrival at the chalet, Pierre felt transported to another world. Snow-capped peaks rose majestically around him, and the air was pure and crisp. He felt free and alive, ready to take on any challenge the mountain had in store for him.

The first few days passed peacefully, with Pierre exploring the surroundings of the chalet and enjoying the tranquility of nature. But as night fell over the mountains, a snowstorm descended upon the region, completely isolating the chalet from the rest of the world.

Pierre found himself trapped in the chalet, with snow rapidly accumulating outside and blocking all access routes. He began to worry, wondering how he would survive in these extreme conditions.

But Pierre was a brave man, and he refused to be daunted by the elements. He gathered what he could find in the chalet - wood for the fire, food for sustenance - and prepared to face the storm.

Days passed, and the storm raged outside. But inside the chalet, Pierre was safe, warming himself by the fire and sustaining himself with the provisions he had stocked up on.

Yet, despite his courage, Pierre began to feel a certain anxiety. He wondered how long the storm would last and if he would be able to survive until help arrived.

That's when he heard a strange noise coming from outside. He got up and walked towards the chalet door, wondering who or what could possibly be outside in this storm.

When he opened the door, he was blinded by the bright light that poured in from outside. He blinked and looked around, not understanding what he was seeing.

That's when he saw a team of rescuers, clad in ski suits and protective goggles, standing before him. They had braved the storm to come to his rescue, and Pierre felt overwhelmed with gratitude.

He thanked them from the bottom of his heart and followed them outside, where a helicopter was waiting to take them to safety.

He knew that this experience would be etched in his memory forever, a reminder of the power of nature and the resilience of the human spirit. And as the helicopter disappeared into the sky, carrying Pierre towards the safety and comfort of civilization, he knew that he would never be the same after this adventure at the chalet.

Le Vieil Homme et la Merlette

Au bord d'un petit village côtier, vivait un vieux pêcheur nommé Jean. Chaque jour, Jean partait en mer sur son bateau, espérant attraper suffisamment de poissons pour nourrir sa famille.

Mais un jour, la malchance frappa Jean. Pendant des semaines, il rentra bredouille, son filet vide et son cœur lourd. Il commença à perdre espoir, se demandant s'il retrouverait jamais sa chance en mer.

Un matin, alors qu'il se préparait à partir, Jean aperçut une petite merlette perchée sur le rebord de sa fenêtre. Elle chantait joyeusement, ses plumes noires scintillant au soleil levant.

Jean fut ému par la beauté de l'oiseau et décida de lui offrir un peu de nourriture. Il prit un morceau de pain et le tendit à la merlette, qui sauta gaiement pour l'attraper.

À partir de ce jour-là, la merlette devint la compagne de Jean. Chaque matin, elle venait le saluer à sa fenêtre, lui apportant un peu de joie dans sa vie solitaire.

Un jour, alors qu'ils étaient en mer, Jean et la merlette furent surpris par une violente tempête. Les vagues se déchaînaient autour d'eux, menaçant de les engloutir à tout moment.

Jean se battit courageusement contre les éléments, essayant de ramener son bateau à bon port. Mais la tempête était trop forte, et bientôt, ils furent pris au piège dans les eaux tumultueuses.

Alors que tout semblait perdu, la merlette se posa sur l'épaule de Jean, lui offrant son soutien silencieux. Jean sentit une nouvelle force couler en lui, et avec un dernier effort, il parvint à ramener le bateau à terre.

À partir de ce jour-là, Jean ne retourna jamais seul en mer. La merlette était toujours là, perchée sur son épaule, lui offrant son soutien et sa compagnie fidèle.

Un matin, alors que le soleil se levait sur le village, Jean s'assit sur le quai, regardant l'horizon avec nostalgie. Il savait que son temps sur cette terre touchait à sa fin, mais il était reconnaissant d'avoir vécu une vie pleine d'aventures et d'amour.

La merlette se posa sur son épaule une dernière fois, lui offrant son soutien silencieux alors qu'ils regardaient ensemble le lever du soleil.

Et alors que le soleil montait lentement dans le ciel, Jean ferma les yeux et laissa la brise douce caresser son visage. Il savait que peu importe où la vie le mènerait ensuite, il emporterait toujours avec lui les souvenirs de son amitié avec la merlette, un lien qui ne serait jamais brisé, même par la mort.

The Old Man and the Blackbird

On the edge of a small coastal village lived an old fisherman named Jean. Every day, Jean would head out to sea on his boat, hoping to catch enough fish to feed his family.

But one day, misfortune struck Jean. For weeks, he returned empty-handed, his net empty and his heart heavy. He began to lose hope, wondering if he would ever regain his luck at sea.

One morning, as he was preparing to set out, Jean spotted a little blackbird perched on the edge of his window. It was singing joyfully, its black feathers glistening in the rising sun.

Jean was moved by the beauty of the bird and decided to offer it some food. He took a piece of bread and held it out to the blackbird, which happily hopped over to grab it.

From that day on, the blackbird became Jean's companion. Every morning, it would come to greet him at his window, bringing a little joy into his solitary life.

One day, while they were out at sea, Jean and the blackbird were caught in a violent storm. The waves raged around them, threatening to engulf them at any moment.

Jean bravely fought against the elements, trying to steer his boat back to safety. But the storm was too strong, and soon they were trapped in the tumultuous waters.

Just when all seemed lost, the blackbird landed on Jean's shoulder, offering him its silent support. Jean felt a new strength welling up inside him, and with one last effort, he managed to steer the boat back to shore.

From that day on, Jean never went back to sea alone. The blackbird was always there, perched on his shoulder, offering him its faithful support and companionship.

One morning, as the sun rose over the village, Jean sat on the dock, gazing out at the horizon with nostalgia. He knew that his time on this earth was coming to an end, but he was grateful to have lived a life full of adventure and love.

The blackbird landed on his shoulder one last time, offering him its silent support as they watched the sunrise together.

And as the sun slowly climbed into the sky, Jean closed his eyes and let the gentle breeze caress his face. He knew that no matter where life would take him next, he would always carry with him the memories of his friendship with the blackbird, a bond that would never be broken, even by death.

Le Géant Bienveillant

Dans un petit village paisible, entouré de champs verdoyants et de collines ondoyantes, vivait un jeune garçon nommé Louis. Louis était un enfant curieux et plein de vie, toujours en quête d'aventures passionnantes.

Un jour, alors qu'il se promenait dans les bois près de chez lui, Louis entendit un bruit étrange. Il s'approcha avec précaution et découvrit une grande silhouette cachée derrière les arbres.

Intrigué, Louis s'avança timidement et découvrit un géant endormi. Le géant était immense, avec une barbe touffue et des yeux doux comme des lanternes. Il était allongé sur le sol, ronflant doucement.

Louis s'approcha du géant avec précaution, sentant une étrange fascination le saisir. Il posa sa main sur le dos du géant et sentit la chaleur de sa peau sous ses doigts.

"Sûrement, il doit être gentil", pensa Louis.

Il se mit à réfléchir à la manière de réveiller le géant sans le brusquer. Finalement, il eut une idée brillante. Il prit une petite brindille et la glissa délicatement sous le nez du géant.

Le géant éternua bruyamment et ouvrit les yeux, regardant autour de lui avec confusion. Quand il aperçut Louis, il lui sourit chaleureusement et se redressa, se relevant de toute sa hauteur.

"Bonjour, petit ami", dit le géant d'une voix profonde. "Je suis Gustave, le géant bienveillant. Et qui es-tu, mon jeune ami ?"

Louis se présenta timidement et expliqua comment il avait trouvé le géant endormi dans les bois. Gustave écouta attentivement, hochant la tête de temps en temps.

"Merci de m'avoir réveillé, Louis", dit Gustave avec gratitude. "Je dormais depuis si longtemps que j'avais perdu la notion du temps. Mais maintenant, je suis heureux de te rencontrer."

Louis sourit timidement, se sentant de plus en plus à l'aise en présence du géant bienveillant. Il se mit à lui poser toutes sortes de questions sur sa vie et ses aventures.

Gustave lui raconta des histoires étonnantes de voyages lointains et de rencontres étranges. Il lui parla de la magie des étoiles et de la beauté de la nature, captivant l'imagination de Louis.

Pendant des heures, ils discutèrent et rirent ensemble, oubliant le monde qui les entourait.

Mais soudain, Louis entendit des voix qui s'approchaient. Il se tourna et vit un groupe de villageois qui arrivaient, armés de fourches et de torches. "Le géant ! Le géant est revenu !" cria l'un des villageois, pointant un doigt accusateur vers Gustave.

Louis sentit la panique l'envahir alors que les villageois s'approchaient, le regard rempli de méfiance et de peur. Il se tourna vers Gustave, cherchant désespérément une solution.

Gustave regarda les villageois avec tristesse, sachant qu'ils ne comprendraient pas sa gentillesse. Il posa une main rassurante sur l'épaule de Louis et lui sourit doucement.

"Ne t'inquiète pas, mon ami", dit Gustave. "Je vais m'en aller. Mais je n'oublierai jamais notre amitié."

Avec un dernier regard vers Louis, Gustave se retourna et s'éloigna dans les bois, disparaissant rapidement à travers les arbres. Les villageois regardèrent sa silhouette s'éloigner avec soulagement, sachant qu'ils étaient en sécurité une fois de plus.

Louis regarda tristement l'endroit où Gustave avait disparu, sentant un vide dans son cœur. Il savait qu'il avait perdu un ami précieux, mais il se réconforta en se rappelant les moments magiques qu'ils avaient partagés ensemble.

Et alors qu'il rentrait chez lui ce soir-là, Louis savait qu'il se souviendrait toujours de Gustave, le géant bienveillant, qui avait apporté un peu de magie dans sa vie ordinaire.

The Benevolent Giant

In a peaceful little village, surrounded by green fields and rolling hills, lived a young boy named Louis. Louis was a curious and lively child, always in search of exciting adventures.

One day, as he wandered through the woods near his home, Louis heard a strange noise. He approached cautiously and discovered a large silhouette hidden behind the trees.

Intrigued, Louis approached timidly and found a sleeping giant. The giant was immense, with a bushy beard and eyes as gentle as lanterns. He lay on the ground, snoring softly.

Louis approached the giant cautiously, feeling a strange fascination take hold of him. He placed his hand on the giant's back and felt the warmth of his skin beneath his fingers.

"Surely, he must be kind," thought Louis.

He began to think of ways to wake the giant without startling him. Finally, he had a brilliant idea. He took a small twig and gently slid it under the giant's nose.

The giant sneezed loudly and opened his eyes, looking around with confusion. When he spotted Louis, he smiled warmly and sat up, towering to his full height.

"Hello, little friend," said the giant in a deep voice. "I am Gustave, the benevolent giant. And who are you, my young friend?"

Louis introduced himself timidly and explained how he had found the giant asleep in the woods. Gustave listened attentively, nodding his head from time to time.

"Thank you for waking me, Louis," said Gustave gratefully. "I have been sleeping for so long that I had lost track of time. But now, I am happy to meet you."

Louis smiled shyly, feeling more and more at ease in the presence of the benevolent giant. He began to ask him all sorts of questions about his life and adventures.

Gustave told him amazing stories of distant travels and strange encounters. He spoke of the magic of the stars and the beauty of nature, captivating Louis's imagination.

For hours, they talked and laughed together, forgetting the world around them.

But suddenly, Louis heard voices approaching. He turned and saw a group of villagers coming, armed with pitchforks and torches.

"The giant! The giant has returned!" shouted one of the villagers, pointing an accusing finger at Gustave.

Louis felt panic wash over him as the villagers drew near, their eyes filled with suspicion and fear. He turned to Gustave, desperately searching for a solution.

Gustave looked at the villagers sadly, knowing they would not understand his kindness. He placed a reassuring hand on Louis's shoulder and smiled gently.

"Do not worry, my friend," said Gustave. "I will go away. But I will never forget our friendship."

With one last look towards Louis, Gustave turned and disappeared into the woods, quickly fading away among the trees. The villagers watched his silhouette recede with relief, knowing they were safe once again.

Louis sadly watched the spot where Gustave had disappeared, feeling a void in his heart. He knew he had lost a precious friend, but he took comfort in remembering the magical moments they had shared together. And as he went home that evening, Louis knew he would always remember Gustave, the benevolent giant, who had brought a little magic into his ordinary life.

Il y avait une fois une petite ville en bord de mer. Les maisons étaient peintes de couleurs vives et le soleil brillait tous les jours. Dans cette ville vivait une femme nommée Marie. Elle avait de longs cheveux bruns et des yeux comme des étoiles. Marie aimait se promener sur la plage, sentir le vent dans ses cheveux et écouter les vagues murmurer.

Un jour, alors qu'elle se promenait sur la plage, elle vit quelqu'un qu'elle n'avait pas vu depuis longtemps. C'était un homme au sourire chaleureux et aux yeux doux. Son nom était Jacques. Ils s'étaient rencontrés il y a longtemps, quand ils étaient tous les deux très jeunes.

"Jacques!" s'écria Marie, surprise de le voir.

"Marie!" répondit Jacques, avec un sourire radieux. "Ça fait si longtemps." Ils se serrèrent dans leurs bras, heureux de se retrouver après toutes ces années. Ils se mirent à discuter, à rattraper le temps perdu. Ils se rappelèrent les jours passés ensemble, les rires partagés et les promenades sur la plage.

Pendant des heures, ils parlèrent et rirent ensemble. Le temps semblait s'arrêter alors qu'ils se remémoraient les souvenirs d'autrefois. Marie se sentait heureuse d'avoir retrouvé son ami d'enfance.

Finalement, le soleil commença à se coucher et la plage se teinta de nuances d'orange et de rose. Marie et Jacques se levèrent pour partir, mais avant de se dire au revoir, Jacques dit : "Marie, est-ce que je pourrais te revoir demain ? J'aimerais passer plus de temps avec toi."

Marie sourit. "Bien sûr, Jacques. J'adorerais passer plus de temps avec toi." Ils se séparèrent alors, avec la promesse de se retrouver le lendemain. Marie rentra chez elle, le cœur léger. Elle se sentait tellement reconnaissante d'avoir revu Jacques après toutes ces années.

Le lendemain matin, Marie se rendit à nouveau sur la plage, impatiente de retrouver Jacques. Elle regarda autour d'elle, cherchant son visage familier parmi la foule. Et puis, elle le vit. Jacques était là, attendant à l'endroit où ils s'étaient quittés la veille.

"Marie !" s'écria-t-il en la voyant. Il lui fit un signe de la main et elle se précipita vers lui.

Ils passèrent toute la journée ensemble, comme s'ils étaient redevenus ces jeunes enfants insouciants qui se promenaient main dans la main sur la plage. Ils rigolaient, se racontaient des histoires et regardaient les vagues s'écraser sur le rivage.

Quand le soir arriva, Marie réalisa à quel point elle s'était amusée avec Jacques. Elle ne voulait pas que cette journée se termine.

"Jacques," dit-elle, hésitante. "Est-ce que tu aimerais rester dîner avec moi ce soir ?"

Jacques sourit. "Je serais ravi, Marie."

Ils allèrent chez Marie et préparèrent un délicieux dîner ensemble. Ils mangèrent, ri et partagèrent des histoires jusqu'à tard dans la nuit. Quand il fut enfin temps de se dire au revoir, Marie se sentit triste de voir Jacques partir.

"Marie," dit Jacques en lui prenant la main. "Je suis tellement heureux de t'avoir retrouvée. J'espère te revoir bientôt."

"Moi aussi, Jacques," répondit Marie, un sourire triste aux lèvres. "Moi aussi."

Et ainsi, ils se séparèrent à nouveau, avec la promesse de se revoir bientôt. Marie regarda Jacques s'éloigner dans la nuit, le cœur lourd mais reconnaissante pour ces précieux moments passés ensemble.

Et chaque jour qui suivit, Marie se rendit sur la plage, espérant voir à nouveau le visage souriant de Jacques parmi la foule. Car même si elle ne le voyait pas tous les jours, elle savait qu'il était là, quelque part, et que leur amitié perdurerait à jamais.

I Saw Him Again

Once upon a time, there was a small town by the sea. The houses were painted in bright colors, and the sun shone every day. In this town lived a woman named Marie. She had long brown hair and eyes like stars. Marie loved to walk on the beach, feel the wind in her hair, and listen to the waves whisper.

One day, as she was walking on the beach, she saw someone she hadn't seen in a long time. It was a man with a warm smile and gentle eyes. His name was Jacques. They had met a long time ago when they were both very young.

"Jacques!" exclaimed Marie, surprised to see him.

"Marie!" replied Jacques, with a radiant smile. "It's been so long."

They hugged each other, happy to see each other again after all these years. They began to talk, catching up on lost time. They remembered the days spent together, the shared laughter, and the walks on the beach.

For hours, they talked and laughed together. Time seemed to stand still as they reminisced about the past. Marie felt happy to have found her childhood friend again.

Eventually, the sun began to set, and the beach was tinged with shades of orange and pink. Marie and Jacques got up to leave, but before saying goodbye, Jacques said, "Marie, could I see you again tomorrow? I would like to spend more time with you."

Marie smiled. "Of course, Jacques. I would love to spend more time with you."

They parted ways then, with the promise to meet again the next day. Marie went home, her heart light. She felt so grateful to have seen Jacques again after all these years.

The next morning, Marie went to the beach again, eager to meet Jacques. She looked around, searching for his familiar face among the crowd. And then, she saw him. Jacques was there, waiting where they had left off the day before.

"Marie!" he exclaimed when he saw her. He waved, and she hurried toward him.

They spent the whole day together, as if they were those carefree young children walking hand in hand on the beach again. They laughed, told stories, and watched the waves crash on the shore.

When evening came, Marie realized how much fun she had had with Jacques. She didn't want this day to end.

"Jacques," she said, hesitantly. "Would you like to stay for dinner with me tonight?"

Jacques smiled. "I would be delighted, Marie."

They went to Marie's house and prepared a delicious dinner together. They ate, laughed, and shared stories late into the night. When it was finally time to say goodbye, Marie felt sad to see Jacques leave.

"Marie," said Jacques, taking her hand. "I am so happy to have found you again. I hope to see you again soon."

"Me too, Jacques," replied Marie, a sad smile on her lips. "Me too."

And so, they parted ways again, with the promise to meet again soon. Marie watched Jacques walk away into the night, her heart heavy but grateful for the precious moments they had shared.

And every day that followed, Marie went to the beach, hoping to see Jacques' smiling face among the crowd again. Because even if she didn't see him every day, she knew he was there, somewhere, and that their friendship would last forever.

L'oiseau qui rit

Il était une fois un père nommé Pierre. Il vivait dans une petite maison au bord de la forêt avec sa fille, Sophie. Tous les jours, Pierre et Sophie partaient se promener dans la forêt, explorant les sentiers cachés et observant les oiseaux qui chantaient dans les arbres.

Un jour, alors qu'ils se promenaient, ils entendirent un étrange son venant de derrière les buissons. Pierre et Sophie s'approchèrent doucement et découvrirent un petit oiseau perché sur une branche. L'oiseau avait des plumes multicolores et un bec pointu, et il gazouillait joyeusement.

"Regarde, papa!" s'exclama Sophie. "Cet oiseau a l'air si drôle!"

Pierre sourit et regarda l'oiseau avec émerveillement. Il n'avait jamais vu un oiseau comme celui-ci auparavant. Il semblait si heureux, si plein de vie.

"Nous devrions l'appeler l'oiseau qui rit," dit Pierre à Sophie. "Parce qu'il a l'air si joyeux."

Sophie applaudit de joie. "Oui, papa! L'oiseau qui rit, c'est un très bon nom."

Et ainsi, l'oiseau qui rit devint un habitué de leurs promenades en forêt. Chaque jour, Pierre et Sophie le cherchaient et le saluaient de loin, en riant à ses éclats de rire.

Mais un jour, l'oiseau qui rit ne vint pas les saluer. Pierre et Sophie marchèrent plus loin dans la forêt, cherchant des signes de leur ami à plumes. Mais l'oiseau restait introuvable.

Pierre sentit une pointe d'inquiétude. "Où peut-il être, Sophie?" demanda-t-il. "J'espère qu'il va bien."

Sophie hocha la tête, les yeux pleins de tristesse. "Moi aussi, papa. J'espère qu'il reviendra bientôt."

Ils continuèrent à chercher, appelant doucement l'oiseau qui rit dans l'espoir qu'il réponde. Mais il n'y avait que le silence de la forêt en réponse. Finalement, ils décidèrent de rentrer chez eux, le cœur lourd. Pierre sentait un vide dans sa poitrine, comme s'il avait perdu un vieil ami.

Le soir venu, alors qu'ils dînaient ensemble à la maison, ils entendirent soudain un éclat de rire joyeux venant de l'extérieur. Pierre et Sophie se regardèrent, les yeux écarquillés.

"Est-ce que tu as entendu ça, papa?" demanda Sophie.

Pierre se leva précipitamment de table et courut vers la porte. Et là, sur le rebord de la fenêtre, se tenait l'oiseau qui rit.

"Papa, regarde!" s'écria Sophie, les yeux brillants de joie.

Pierre sourit de bonheur en voyant leur ami à plumes de retour. "L'oiseau qui rit est revenu!" s'exclama-t-il.

Ils ouvrirent la fenêtre et l'oiseau qui rit entra dans la maison, sautillant joyeusement autour d'eux. Pierre sentit son cœur se remplir de bonheur en voyant son amie à plumes en bonne santé et heureuse.

"Nous avons tous été inquiets pour toi," dit Pierre à l'oiseau qui rit. "Nous sommes tellement heureux de te revoir."

L'oiseau qui rit gazouilla en réponse, comme s'il comprenait chaque mot. Car même si l'oiseau qui rit était petit, il avait un grand cœur et apportait de la joie à tous ceux qui croisaient son chemin.

The Laughing Bird

Once upon a time, there was a father named Pierre. He lived in a small house on the edge of the forest with his daughter, Sophie. Every day, Pierre and Sophie would go for walks in the forest, exploring hidden trails and watching the birds chirping in the trees.

One day, as they were walking, they heard a strange sound coming from behind the bushes. Pierre and Sophie approached slowly and discovered a little bird perched on a branch. The bird had multicolored feathers and a pointed beak, and it was chirping joyfully.

"Look, Papa!" exclaimed Sophie. "This bird looks so funny!"

Pierre smiled and looked at the bird with wonder. He had never seen a bird like this before. It seemed so happy, so full of life.

"We should call it the laughing bird," said Pierre to Sophie. "Because it looks so cheerful."

Sophie clapped her hands in joy. "Yes, Papa! The laughing bird, that's a very good name."

And so, the laughing bird became a regular part of their forest walks. Every day, Pierre and Sophie would look for it and wave from afar, laughing at its joyful chirps.

But one day, the laughing bird did not come to greet them. Pierre and Sophie walked further into the forest, looking for signs of their feathered friend. But the bird was nowhere to be found.

Pierre felt a pang of worry. "Where could it be, Sophie?" he asked. "I hope it's okay."

Sophie nodded, her eyes filled with sadness. "Me too, Papa. I hope it comes back soon."

They continued to search, calling out softly for the laughing bird in the hope that it would respond. But there was only the silence of the forest in reply.

Eventually, they decided to head back home, their hearts heavy. Pierre felt a hollow feeling in his chest, as if he had lost an old friend.

That evening, as they dined together at home, they suddenly heard a burst of joyful laughter coming from outside. Pierre and Sophie looked at each other, their eyes wide with surprise.

"Did you hear that, Papa?" asked Sophie.

Pierre quickly got up from the table and ran to the door. And there, on the windowsill, stood the laughing bird.

"Papa, look!" exclaimed Sophie, her eyes shining with joy.

Pierre smiled with happiness at seeing their feathered friend return. "The laughing bird has come back!" he exclaimed.

They opened the window, and the laughing bird hopped into the house, chirping happily around them. Pierre felt his heart fill with joy at seeing his feathered friend healthy and happy.

"We were all worried about you," said Pierre to the laughing bird. "We are so happy to see you again."

The laughing bird chirped in response, as if understanding every word. Because even though the laughing bird was small, it had a big heart and brought joy to everyone it met.

www.ingramcontent.com/pod-product-compliance
Lightning Source LLC
Chambersburg PA
CBHW050812160726
48004CB00002B/812